한동수 시집

어머니와 바느질

형설출판사
www.hyungseul.co.kr

머리말

"공학을 하는 사람이 시를 쓰네"

지난 10여 년 동안 시를 쓰면서 주변에서 가장 많이 들었던 얘기다. 그렇다. 평생 공학을 하였다. 공학과 시는 거리가 있어 보인다. 게다가 시를 쓰는 타고난 재주도 없다. 그렇지만 불혹이 넘어서서 처음 시를 쓰기 시작했고 그 후 지금까지 서투른 시를 쓰고 있다.

필자가 시를 쓰기 시작한 것은 꽤 특이하다. 40대 중반 수십 건의 발명을 하고 특허를 출원하고 나니 갑자기 시가 써지기 시작했다. 오래도록 내면에 갇혀있던 응어리진 감정이 김밥 옆구리 터지듯이 흘러나온 느낌이었다. 그렇게 흘러나오는 감정의 물꼬를 시라는 수문을 통해서 열었다. 공학도가 시를 썼다고 이상할 것은 없다. 공학을 하든 문학을 하든 인간은 누구나 감성이라는 공통된 심성을 가지고 있다. 어떤 분야에 종사하든 누구나 느낄 수 있고, 표현할 수 있고, 공감할 수 있다.

시에 대해서 제대로 된 배움도 없이 시작하였지만 알게 된 것이 있다. 시에는 놀라운 치유력이 있다. 시를 쓰면서 시도 때도 없이 치켜오르던 과거의 응어리진 감정은 가라앉았다. 나를 힘들게 했던 과거의 아픈 기억들은 시로 표현되면서 승화되었다. 그러면서 마음이 한결 가벼워졌다. 그렇게 시에는 편안함이 있다.

발명이 그렇듯이 나에게 시는 상상력이다. 시상을 떠올리고, 머릿속에 그려진 시상을 그려내는 과정은 발명가가 발명을 하고 그것을 특허로 내기 위해 글로 정리하는 과정과 매우 유사하다. 고독해야 발명이 잘 이루어지는 것처럼 시도 고독의 밭에서 잘 성장한다. 그래서 추억과 그리움과 외로움을 노래하는 시가 유난히 많은지도 모른다.

돌이켜보니 나는 나를 위로하기 위해서 시를 썼다. 시를 쓰면서 나를 위로했고 그 시를 읽으면서 위로받았다. 세상에 위로받지 않아야 할 사람은 없다. 이 글을 읽는 독자에게 조금이라고 위로가 된다면 더할 나위 없다. 세상에 내놓기는 서투른 시로 가득하다. 그럼에도 불구하고 독자도 위로를 받았으면 하는 바람으로 용기를 내어 시집을 발간한다.

목차

어머니와 바느질

별 들이 총총한
자정이 지나도록
바느질 하시던 어머니

잔 별들 사라지는 새벽녘
잠에서 깨어
지난 밤 못다한 바느질
마무리한다

형형색색 비단조각
꿰어 붙이니
마술처럼
푸른 조각 산이 되고
노란 조각 별이 되어

굼실굼실 자라나는
어린 오 남매
한 폭의 그림 같은
꿈을 키웠다

가슴 시린 사랑 꿴
어머니 바느질
거스를 수 없는
세월의 강물 따라
흘러갔지만

방 귀퉁이 자리잡은
키 작은 재봉틀
화석으로 남아

바느질 어머니
그리워한다

01

봄
여름
가을
겨울

No. 1

봄

청춘

아지랑이 피어나는
청춘의 봄

하룻밤 지새고 나니

황금 물결 넘실대는
가을 녘 석양에 섰다

계절이 이처럼
가까운 줄 알았으면

청춘의 지난 밤
차라리 잠들지
말 것을

그리움 사라지는 아쉬움

가파른 절벽에 피어난
수줍은 꽃

꺾지 않고 바라만 보다
내려온 것은

그리움 사라지는
아쉬움 때문

꽃의 기억

올해도 어김없이 꽃이 졌다
길가에 만발한 목련, 개나리, 벚꽃이 옷을 벗었다
봄에 피는 꽃은 언제 보아도 좋다
언제부터인지
꽃이 피면 곧 꽃이 지는 슬픔에
꽃을 보며 즐거워하는 마음을 아끼고 산다
꽃이 지는 것을 막을 수는 없지만
내년 봄에 꽃은 다시 필 것이다
떨어진 꽃잎의 슬픔을 잊고
꽃의 기억을 오래 간직해야겠다

봄비

아침부터 몸이 찌뿌둥하다
밖을 내다보니 봄비가 온다
비에 젖은 촉촉한 대지가 보기 좋다
올해는 비가 오면 몸 컨디션이
썩 좋지 않다
언제부터 날씨가 내 기분을 결정한다
젊은 시절 봄비는 떠난 님을 생각케 하는데
나이 들어 봄비는 떠날 몸을 생각케 한다
낮에는 활짝 개기를 기대한다

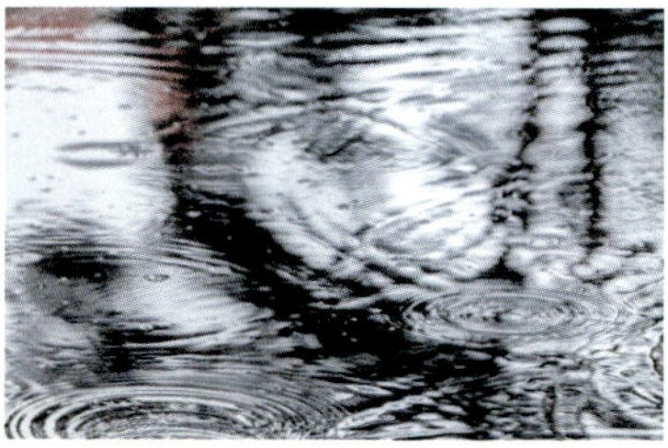

꽃잎

바람에 흩날리는 꽃잎
가로등 불빛에 춤추는 거리
살랑거리는 꽃잎 얼굴을 스치니
잊혀진 추억 되살아난다
그 사람도 그 추억 생각할까
가로등 아래 나무 벤치
꽃잎에 덮인 내 가슴에 새겨진
반짝이는 눈동자 붉은 입술
희미한 달빛 아래 빈 거리
손잡고 걸을 님 없네

No. 2

여름

한옥 예찬

아침에 차 내리면
격자 무늬 창살에
속삭이는 밝은 햇살

석양에 술 기울이면
앞 담장 소나무에
휘영청 걸친 달

멋쟁이 빌딩 숲에서
낮은 곳 지키며
조용히 살아왔다

욕심 없이 후회 없이
잊혀진 고향
옛 향기 간직한 채

남한산성

소나무 숲 우거진
산 능선에 둘러싸인
천혜의 싸움터

가파른 절벽에
귀한 돌 쌓고 또 쌓아
난공불락으로 거듭났다

산 아래 굽어보며
빈틈 없이 지켰건만

싸우지도 못하고
성문 열어 굴복한
슬픈 역사 간직한 곳

분노한 옛 병사의 통곡
지금도 들릴 듯한데

병사는 간 데 없고

서산의 노을만

붉게 타오른다

관악산

더위가 걷히는 8월 말
옛 회한과 온몸의 땀이 뒤범벅되어
오르는 관악산

젊은 시절 나를 극한 상황으로 밀어 넣은
실패와 좌절과 고통이 있었던 곳

그 속에서 열정을 잃지 않고
희망을 품고 새로운 출발을 했던 곳

수십 년이 지나

다시 걷는 산길에서
과거와 현재가 씨름하며
새로운 꿈을 잉태하는데

문득 스치는 바람처럼
다가오는 지난 날의 그리움

모기

한밤 중에 곤한 잠을 깨우는
늦여름 모기

전등불을 켜고 내 눈에 불을 켜도
찾을 수 없다

시력이 약해져 보이지 않는 모기
안경을 써도 마찬가지다

모기약을 뿌리려니
그 냄새가 달갑지 않다

거실로 잠자리를 옮기고
아침까지 편안하게 잠을 잤다

소나기

여름 소나기를 가르는 자동차
차창 위로 투둑투둑 떨어지는 빗방울
높은 성곽을 오르는 옛 전사들처럼 몸을 던진다
크고 작은 차창 위 빗방울
와이퍼로 쓸리기 전에 잠시 공연을 한다
한방울은 지난 회한을 지우면서
한방울은 답답한 마음을 풀어주며
한방울은 희망의 폭죽을 터트리며
모두 다른 모습으로 춤을 추며 흩어진다
수천 번의 물방울 공연을 마친 여름 소나기가
나의 마음을 시원하게 씻어 주고 있다

No. 3

가 을

고구마

한 여름 땡볕에 땅 속에서
숨도 못 쉬고 살다가
선선한 가을이 되어 살만 하니
땅 속에서 그만 살고 나오라 한다

세상의 빛을 보는 순간
부드럽게 다뤄도 좋으련만
어떤 이는 옆구리를 찌르고
어떤 이는 얼굴에 상처를 낸다

마법을 부리듯이 요리 조리
몸을 굴려 성하게 몸을 보전하니
귀한 선물로 둔갑하여
주는 사람도 즐겁고 받는 사람도 고맙다

생긴 것은 울퉁불퉁해도
뜨거운 사우나에 몸을 불리고
귀한 집 안방 마님의 부드러운 손길이
옷을 벗겨 상에 올리면
사람들의 입가에 미소가 가득하다

가을의 길목에서

아침 선선한 바람
철 지난 매미 울음 소리
가을이 멀리 있지 않다
무소불위 거친 무더위도
어느덧 속절없이 꺾였다
쉼없이 바뀌는 계절 속에
우리 삶도 덧없이 흘러간다
한 동안 앞만 보고 달려 왔다
오늘 하루 푸른 창공을 바라보며
지난 추억을 돌아봐야겠다

가을 호박

가을 아침이 싱그럽다
한 여름 태양 빛에 고개 숙였던
길가의 호박 잎도 고개를 세우고 있다
호박 잎사이 호박도 마지막 결실을 맺으려
대지의 양분을 한껏 빨아들이고 있다
내 인생도 가을이 되었다
가을 호박이 그러하듯이
여름보다 더 강성한 가을을 맞이하고 싶다

No. 4

겨울

첫눈

첫눈이 세상을 하얗게 덮고 있다
산도 들도 나무도 차도 길도

평화로운 눈 덮인 세상에
몸을 숨긴 코비드 바이러스가
제 세상을 만난 것처럼 활개를 친다

정체도 모르는 바이러스 덕분에
그동안 무엇을 잘못했는지 반성하면서
감옥살이를 하고 있다

문뜩 겨울을 견디기 위해
도움이 필요한 사람들이 걱정된다

겨울 캠퍼스

마른 잎 뒹구는
한 겨울 대학 캠퍼스

젊은 날 잊혀진 꿈을 찾아
거닐어본다

앙상한 가지를 드러낸
도서관을 내려보는 굵은 벚나무

낡아 부서진
조각난 콘크리트 바닥

자유를 외치던
동료들의 함성이 귓가를 맴돈다

처절하게 꿈꾸었던 과거 속 미래는
되돌릴 수 없는 현실이 되었지만

상자 속에 갇힌 꿈이
새로운 생명을 안고
꿈틀대며 밖으로 흘러나온다

따뜻함

추운 겨울 장갑과 빵모자는
내 몸을 따뜻하게 한다

외딴 집 창가에서 흘러나오는 희미한 불빛은
내 눈을 따뜻하게 한다

밤 하늘 별을 바라보며
돌이켜보는 옛 추억은
내 가슴을 따뜻하게 한다

어렵고 소외된 이웃에게
사람들의 온정이 전달되는 뉴스는
내 마음을 따뜻하게 한다

나의 작은 도움으로
편안해진 사람들의 환한 미소는
내 삶을 따뜻하게 한다

내가 가는 길에
신이 함께 한다는 믿음은
내 영혼을 따뜻하게 한다

산타클로스

어린시절 산타클로스를 기다렸다

철이 들면서 산타클로스가
오지 않는 것을 알았다

나이가 들었지만 산타클로스를 기다리는
마음마저 사라지지는 않았다

지금도 생각지 않은 행운과 마주하기를
기대하고 있다

누구든 행운과 마주하는 것은 좋은 일이다

내가 행운을 만들어야 한다

내가 산타클로스가 되어야 한다

2월의 눈

철 늦은 눈이 내린다
왜 그런지 몰라도
2월에 내리는 눈은 힘이 없다
저수지의 물도 계절을 탄다
봄, 여름 저수지 물은
풀어져 있다
가을에 보는 저수지 물은
힘이 있다
무엇이든 때가 있다
지혜로운 사람은
힘 있는 때를 아는 사람이다

02

꿈과 행복
고향/추억

No. 1

꿈과 행복

행복

행복은
내 마음의 고향

찾으면 사라지고
잊으면 내 곁에 머무는

아득한 추억의
보라 빛 그림자

꿈

지난 시절

밤 하늘 총총한 별을 이어가며
무수히 써 보았던

소중한 단어

신념과 꿈과 사랑

세월 흐름 속에
모두 변하였건만

한 가지
지금도 변치 않은 것은

밤하늘 별을 보며
꿈을 꾸고 있는

나

별

밤 깊어지면

까치발로 서서
반짝였다

수 없이 많은
밤하늘 별들 중에

빛나는 또 하나의
별이 되고 싶어

꿈을 꾸자

"살면서 언제가 제일 좋으셨어요?"
라고 묻는다면
"지금" 이라고 답하고 싶다
"왜 지금 이세요?" 라고 묻는다면
"지금 꾸는 꿈이 가장 크기 때문이다"
라고 답하고 싶다

나는 지금 가장 큰 꿈을 꾸고 있다
미래에는 더 큰 꿈을 꿀 것이다
그래서 행복하다

꿈을 꾸자
꿈을 꾸면 생각하고 생각하면 길이 생긴다
그 길을 따라 걷다 보면 꿈을 이룬다

꿈을 이루지 못한 들 어떠하리
그 길에서 충분히 행복할 수 있다

죽는 날까지 꿈을 꾸자
죽는 순간 가장 큰 꿈을 꾸는 사람이
가장 행복한 사람이다

희망의 풍선

젊은 시절
편안한 노후를 위해
이런저런 노력을 하였건만
나이 들어도
편안함은 늘 먼 산 뒤편에 있다
삶에 속았지만
속은 것이 좋았다
언제 터질지 모를지라도
희망의 풍선을 안고
살아갈 일이다

새로운 것

옛 것을 알고 새 것을 알면 溫故知新
새 것을 알고 옛 것을 알면 溫新知故

새로운 것은 생기
새로운 것은 희망

새로운 것은 만드는 것
새로운 것은 찾는 것

세상에도 있고
옛 것에도 있고
나의 내면에서도 찾을 수 있는

새로운 것

나를 위로한 노래

지난 날
마음이 울적할 때
나를 위로해 주었던 노래
먼 훗날
울적한 마음 가신 뒤
다시 들으니 더 좋다

No. 2

고향 / 추억

추억의 길

처음 걷는 길은
추억을 저축하는 길
다시 걷는 길은
추억을 회상하는 길

그리움

내가 누군가를 그리워하듯
누군가가 나를 그리워하고 있다

그리움은 전달되지 않은 편지

누군가의 우체통에는
내 그리움의 편지가 쌓이고

내 우체통에는
누군가의 그리움의 편지가 쌓인다

그리움의 편지는 읽을 수 없는 편지

읽지 않은 편지가 쌓이면
그리움의 빚이 늘어난다

모두가 그리움의 빚을 지고 살고 있다

이루지 못한 사랑

젊은 날 내 모습 초라할 때
이루지 못한 사랑을 아쉬워 마라

사랑이 가면 또 다른 사랑이 오니
이루지 못한 사랑은 추억으로 남는다

사랑이 떠나거든
기쁘게 보내주어라

이루지 못한 사랑의 아픈 기억이
늦가을 수풀 속 낙엽 쌓이듯 쌓여야
먼 훗날 삶이 푸근하다

교정

개나리 진달래 꽃 만발하는
낭만의 교정

피아노 소리 바이올린 소리
바람에 휘감기던 숲 속 오솔길

손 잡고 걸었던
그 사람 곁에 없지만

함께 나누었던 지난 얘기들
도서관 벤치 옆
나무로 자라

나그네 인생 길
잠시 쉬어 갈
그늘을 드리운다

추억의 책장

강물처럼 흘러간 세월 속
아련한 추억의 책장
되돌릴 수 없는 줄 알면서도
아쉬워 하는 건
오늘은 내일의 추억의 책장이 되고
다가올 세월도 덧없이 흘러 가리니
먼 훗날 돌아보는 오늘이
아쉽지 않으려는 마음

03

휴식
인생
자화상

No. 1

휴식

찻집

은행잎 무성한
길 모퉁이 찻집

도심 속에 숨겨진
삶의 오아시스

서산에 해지고
어둠이 내리면

욕심 없는 사람들
정답게 둘러앉아

손님은 고독의 시를 부숴
찻잔에 담고

주인은 위안의 시를 우려
차를 내린다

또로로로...

편지

내 몸에서 나에게
이런 저런 사연을
실어 편지를 보낸다

제대로 된 임금도 받지 못하고
장시간 노동에
시달린 불만 편지

자신의 거처에 통제할 수 없는
불청객이 들이닥쳤다는
구조 편지

오랜 시간 홀로 지낸 외로움
벗어나고 싶다는
소망 편지가 있지만

그 중에서 진정으로
나에게 힘을 주는
고마운 편지는

꿈이 있는 한 포기하지 않고
힘이 다할 때까지
노를 젓겠다는
다짐 실린 편지

달콤한 휴식

만끽하자
지금 나에게 찾아온
오랜만의 편안함

달콤한 휴식은
낯선 어려움과 슬픔을
헤쳐 나갈 에너지

피할 수 없는
고난의 파도
맞을 때 까지

잠깐 주어질
내 영혼의 평화
아낌없이 만끽할 일이다

즐거움

즐거움을 쫓아서 즐거울 수 있다면
즐겁지 않을 사람이 있겠는가
힘든 것과 즐거움은 붙어 있으니
힘든 시기가 지나면 즐거운 시간이 찾아오고
즐거운 시간이 지나면 힘든 시기가 찾아온다
힘든 시간은 발전의 과정이니
현명한 사람은 즐거움을 쫓지 아니하고
힘든 것을 즐길 줄 아는 사람이다

빨랫줄

빨랫줄에 널린 옷들이 탈춤을 춘다
세속에 찌든 때는 바람에 날리고
뜨거운 태양 빛은 마음의 얼룩을 지운다
깨끗이 몸을 씻고 멋진 공연을 마친
무희들에 싸인 내 몸이 황홀하다

No. 2

인생

인생

바닷가 모래밭에 인생을 그리면
파도가 밀려오면 지워지고

종이 위에 인생을 쓰면
바람이 불면 허공에 날리지만

바위에 인생을 새기면
천년이 지나도 지워지지 않고

사람들과 인생을 나누면
모두의 마음에 영원하니

누구나 사는 인생
모두 다른 인생

인생 길

가까운 길 모르고
먼 길 돌아왔네

가시덤불 헤치고
걸어온 인생 길

뒤돌아 바라보니

인생

지나서 알았네

매달려 살았던
낭떠러지 외줄 인생

미끄러진들
맨땅인 것을

암벽 등반

자일에 외줄 걸고
타오르는 가파른 암벽

갈라진 바위틈 찾아
까마득히 올라서 돌아보니

먼 산 먼 바다
발 아래 있고

나르는 새 조차
고개 들어 바라다본다

꼭대기 소나무
더 높이 올라오라
유혹하는데

하늘 가까이 가면 갈수록
발 디딜 곳은 점점 좁아지고
바람은 더욱 거세게 분다

허무

생존의 거친 벌판을 건너
살 집을 짓고 쉴 만하면
찾아오는 허무

허락도 없이 집으로 들어와 자리를 잡는다

분주함과는 말도 걸지 않고
주인 눈치도 살피지 않는 허무

자신에게도 함께 할 기회를 달라 유혹한다

나의 최선이 다하는 날
허무는 내가 쉬는 벤치에 다가와
다정하게 내 손을 잡는다

화려한 죽음

상류로 거슬러간
외로운 연어
숭고한 최후를
맞이하고

거친 히말라야
등반 중에 실족한
산 사나이

킬리만자로 표범처럼
눈 속에서 장엄한
인생을 마감한다

가로등 불빛에 반사되며
떨어지는 은행잎
반짝이는 죽음을
맞이하듯

내 삶의 끝
혼돈의 우주로 회귀하는
빛나는 한 조각
파편이고 싶다

안전한 탐욕

인생은 불타는 양초
심지의 불길이 꺼지지 않도록
서서히 몸을 녹여 타오르는 양초

바람이 불고 비가 와도
불길을 꺼트리지 않아야 하는 운명

탐욕은 불꽃을 일으키는 기름
꺼져가는 양초의 불길을 되살리는
신이 예비해준 선물

불꽃이 꺼지는 위기가 닥치면
몇 방울의 기름을 심지에 떨구어
불길을 살리는 수단

헛된 탐욕은 양초에 기름을
흠뻑 붓고 싶은 마음
양초의 몸을 송두리채 태우는 광란의 불길

사막을 걷는 나그네가 물을 아끼듯
높은 산을 오르는 산악인이 힘을 아끼듯
조금씩 아껴 써야 안전한 탐욕

살아가다

살아가라 한다

아무 일없이
아무 욕심없이
아무 걱정없이

살아가야 한다

하고 싶은 일을 하면서
세상을 생각하며
좋은 고민을 품고

살아가고 있다

해야 할 일을 하면서
나와 내 가족과 내 주변을 생각하며
많은 고민을 안고

다행이다

할 일이 있고

챙길 사람들이 있고

나쁜 고민을 하지 않고

살 수 있어서

삶의 정답

삶에 정답은 없지만 세상에 정답은 있다
세상의 정답을 알고 가까이 가는 것은
흐르는 강물이고 싶어서고
세상의 정답을 알고서도 가까이 가지 않는 것은
고요한 호수이고 싶어서다
세상의 정답을 모르고 사는 것은
눈을 감고 먼 바다를 항해하는 것이다

걱정의 딜레마

걱정하면 걱정하지 않아도 되고
걱정하지 않으면 걱정해야 한다
미리 걱정하면 오래 걱정하고
닥쳐서 걱정하면 똥줄이 탄다
걱정을 숨기면 걱정스럽고
걱정을 전파하면 걱정이 증폭된다
나를 걱정하는 것은 가슴이 시리고
세상을 걱정하는 것은 마음이 쓰리다
세상 일을 걱정하여 내 걱정이 사라지는 것은
가슴이 시린 것 보다는
마음이 쓰린 것이 낫기 때문이다

미련

헤어진 것을 알면서도 기다리는 마음

머리는 헤어진 것을 아는데
가슴은 기다리고 있다

머리는 미련을 갖지 말라 하는데
가슴은 미련을 안고 살아가라 한다

머리는 미련을 싫어하는데
가슴은 미련을 버리지 못한다

한 몸 속에서 머리와 가슴이
미련을 두고 줄다리기를 하는

인생은 미련

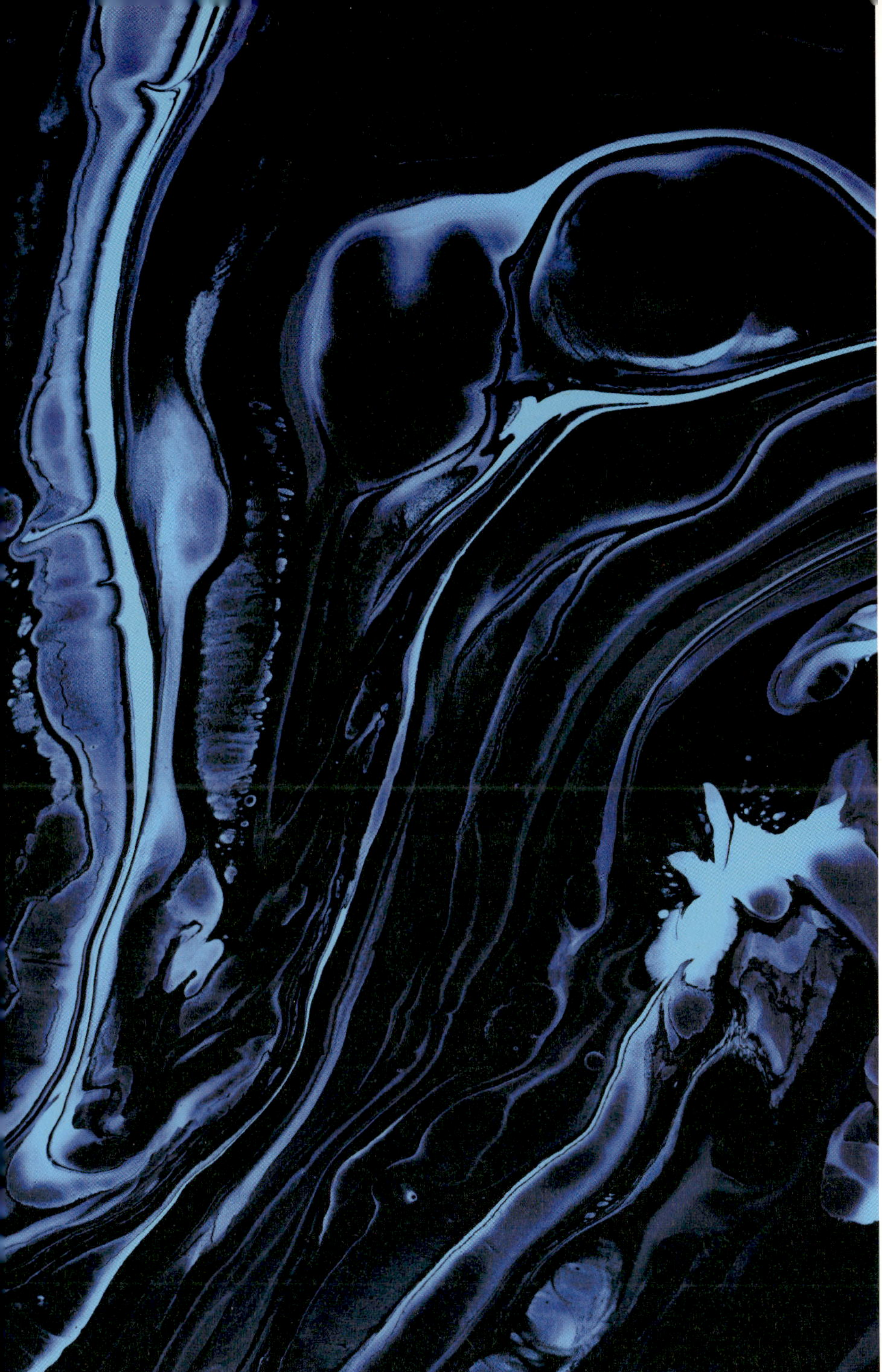

이별의 추억

이별을 서러워 마라

이별은 먼 훗날 웃으면서 돌아볼
추억을 저축하는 것이니

이별의 아픔이 크면 클수록
더 큰 추억의 부자가 된다

가난을 벗어난 맘 좋은 부자가
부족한 세상에 풍요를 나누듯

고독을 벗어난 추억의 부자는
외로운 세상에 위로를 베푼다

세상을 등질 때는 누구나
빈 손일 수 밖에 없지만
머리 속 추억은 남아있다

사무치는 헤어짐의 서러움을 떨치고
이별의 추억을 간직해야 한다

어디로 가는가

세상에 태어나 먼 길을 걸으니
어디로 가는가 어디까지 갔는가

혼자서 걸으면 외롭고 쓸쓸하니
함께 걸으며 희망을 노래 하세

더 나은 세상을 향해서 걷는 길이니

나만 생각하면 세상이 등을 돌리고
나를 벗어나면 세상이 팔을 벌리네

먼 길을 걷다 보면 상처도 생기지만
잠시 멈춰서 서로를 위로 하세

여럿이 걸으면 더 멀리 갈 수 있고
더 멀리 걸어야 더 좋은 세상이 있으니
지팡이를 짚어도 걷고 또 걸으세

세상에 태어나 먼 길을 걸으니

어디로 가는가 어디까지 갔는가

No. 3

자화상

자화상

나는 부족하다
나는 아는 것이 없다
내 경험은 나를 구속한다

내 생각은 불완전하다
나는 세상을 이해하지 못한다
나는 올바른 선택이 무엇인지 모른다
언제가 적절한 시기인지 모른다
누가 적임자인지 모른다

내가 발전하는 것은
나의 부족함을 인정하기 때문이다
세상을 받아들이기 때문이다
세상의 변화에 순응하기 때문이다
좋은 사람들과 함께 일하기 때문이다
함께 일하는 사람들을 신뢰하기 때문이다
오늘도 나를 개선하기 때문이다
선한 마음을 갖기 때문이다

이 모든 것을 지켜보는

신의 존재를 믿기 때문이다

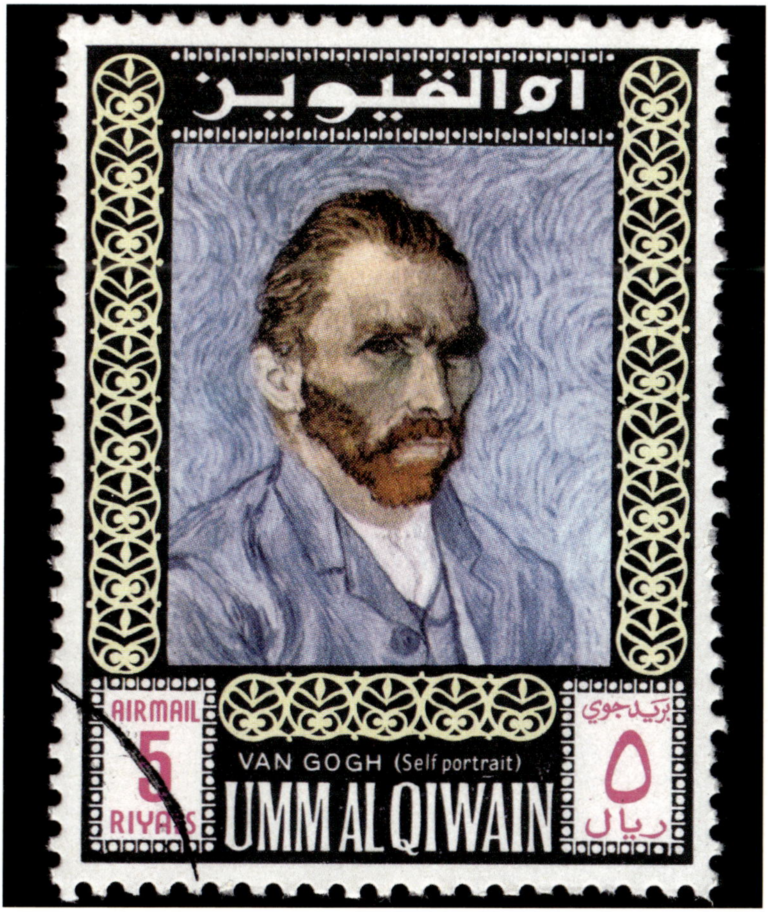

염치 없다

살면서 많은 빚을 졌다
나에게 호의를 베풀어준 사람들이 많다
사람들로부터 받은 호의를 갚을 길이 없다
한 점 부끄럼없이 살기를 원했는데
빚지고 사는 것이 염치없다
평생 애쓰면서 살아야 한다

다른 사람

바람 부는 들판에서
홀로 서성였다

다른 사람 되기 위해

꽃이 지고 계절이 바뀌어도
늘 그 자리인데

모르는 타인과 하나 되고
비로소
다른 사람이 되었다

그래도 살아간다

버리라 한다
하지만
저는 버리지 못했습니다

잊으라 한다
하지만
저는 잊지 못했습니다

참으라 한다
하지만
저는 참지 못했습니다

잘 하라 한다
하지만
저는 잘 하지 못했습니다

그래도 살아가고 있습니다

버리지 못하고

잊지 못하고

참지 못하고

잘 하지 못하고

그럭저럭 버티며 살고 있습니다

꿈 찾아 떠나는 길

험한 길 헤치며 걸어온 길
괴로운 일에 슬픔의 눈물도 흘렸지만

아직도 가야할 머나먼 길

비가 내려도 눈보라가 몰아쳐도
이루지 못한 꿈 찾아가리

나와 함께 걸어가는 사랑하는
사람 있으면 좋겠지만

정든 임 떠나
나 홀로 외로이 걷는다 해도

비를 맞으며 눈보라 헤치며
이루지 못한 꿈 찾아가리

신발

오랜만에 신발을 닦았다
여기저기 더러운 얼룩이 묻었다
가장 밑바닥에서 나를 위해 봉사한 결과다
거친 돌부리, 흙 바닥, 거센 눈비를 헤치고
내가 편안하게 걸을 수 있게 해주었다
신발의 노고를 생각하며
물수건으로 정성스럽게 신발을 닦고 나니
내 마음이 정화된다
나의 편안함에는 늘 누군가의 노고가 있다
세상에 빚을 남기지 않아야 한다
나도 누군가의 편안함에 기여해야 한다

바람

내 마음은 바람
머무르지 않는 바람
산을 넘을 때는 산 바람
강을 건널 때는 강 바람
비가 와도 부는 바람
눈이 와도 부는 바람
임이 오면 가슴을 부풀리는 봄 바람
임이 가면 가슴을 도려내는 찬 바람
내 마음은 길가에 부는 바람
세상 기쁨 싣고 가는 바람
세상 아픔 쓸고 가는 바람

작품 (KAILOS)

시커먼 기판 위에 은빛 상자들
지네 발을 벌리고 자리를 잡는다
우주의 신호를 주고 받으면서
때로는 범인을 찾는 형사가 되고
때로는 건물 속을 파고드는 스파이가 된다
작으면 작을수록 세상의 사랑이 넘치니
서로를 밀착하며 조금씩 더 가까이 다가선다
모든 이의 품속에 안기는 작품이 되었을 때
완성된 작업의 기쁨을 노래한다

세상을 알고 나니

세상을 알고 나면 허무해 진다지만
세상을 알면 알수록
나의 눈에는 희망만이 가득하다
내가 해야 할 결정은 하나
그 희망의 바다에 뛰어들 것인지 아니면
그 희망의 바다를 먼 발치에서 바라볼 것인지다
어떤 선택여도 좋다
희망의 바다에서 허우적거려도 좋고
희망의 바다에서 허우적거리는 사람들을 보는 것도 좋다
세상은 희망의 바다
나는 허무를 잊고 그 바다 위를 나르는 갈매기

04

세상
세월
자유

No. 1

세 상

좋은 세상 좋은 사람

사람의 본성은 변하지 않는다 말들 하지만
환경에 따라 변하는 것이 변하지 않는 인간의 본성이니
세상이 변하면 사람들이 변하고
사람들이 변하면 세상이 변한다
좋은 세상은 좋은 사람들을 만들고
좋은 사람들은 더 좋은 세상을 만드니
언젠가는 더할 수 없이 좋은 세상에서
더할 수 없이 좋은 사람들이 살아가리

큰 그릇

내 마음 간절하다고
손을 내밀지 않는 세상

내가 한 없이 초라해지면
슬며시 내 손을 잡아준다

초라함 속에서 성숙하는 인간
성숙할수록 그릇이 커진다

그릇이 넘치도록 채워주지 않는 세상

커진 빈 그릇 안고 있는 측은한 내 모습에
넘치지 않을 만큼 채워준다

빈손

세상은

빈 손으로 왔다
빈 손으로 가는 것이라고 한다

살아보니 아니다

삶은

세상이 준 것을 받아서
세상에 남기는 것이다

세상으로부터 받은 것이 없을 때 빈 손이고

세상에 남길 것이 없을 때 빈 손이다

빈 손이 되지 않으려 애쓰고 사는 것이
인생이다

자석과 쇳가루

세상은 강한 자석
사람들은 자석에 끌려가는 쇳가루

자석이 움직이면
따라서 움직이는 쇳가루들

어떤 쇳가루는 자석에 붙어
자석과 함께 움직이고

어떤 쇳가루는 자석에 떨어져
바닥에 끌리면서 따라간다

어떤 쇳가루는 바닥에 널브러져
함께 가기를 포기한다

가능하면 많은 쇳가루를
끌고 가려는 자석

때로는 방향을 바꾸기도 하지만

자석이 가는 목적지는 하나
쇳가루에 자성을 입혀주는 곳

자성을 가진 쇳가루와 함께
더 큰 자석이 되는 것

세상과 사람

사람들은 화를 내며 세상을 훈계하지만
세상은 빙그레 웃고 있다

사람들은 서두르지만
세상은 느긋하다

사람들은 지체하지만
세상은 지체되지 않는다

사람들은 실패하지만
세상은 실패하지 않는다

사람들의 계획은 치밀해 보이지만 불완전하고
세상의 계획은 엉성해 보이지만 완전하다

세상을 이해하고 세상과 파동을 맞추어야
마음이 편안하고
계획한 일이 순조롭게 이루어진다

역사와 희망

나의 과거는 회한이지만
세상의 과거는 역사다
나의 미래는 두려움이지만
세상의 미래는 희망이다
나를 벗어나 세상에 다가서면
회한은 역사가 되고
두려움은 희망이 된다

과거와 미래

과거는 가까울수록 기억하기 쉽고
멀수록 알기 어렵지만
미래는 가까울수록 알기 어렵고
멀수록 예측하기 쉽다

No. 2

세 월

세월

가을 낙엽이 떨어지기에
친구와 단풍 구경을 가기로 했다

잠시 한 눈을 팔고 나니
어느새 눈이 오고 겨울 문턱에 섰다

한 때는 계절이 내 뒤를 쫓아왔는데
이제는 내가 계절을 쫓아가기 바쁘다

그냥 사는 거예요

그런 줄 알았다
그냥 사는 것인 줄 알았다

나만 생각하면 그렇다
한 세대만 생각하면 그렇다
세상을 생각하고 후손을 생각하면
그냥 살 수 없다

학자는 세상의 지식을 넓혀야 한다
의사는 환자를 돌보아야 한다
변호사는 억울한 의뢰인을 변호해야 한다
정치인은 세상을 바른 길로 이끌어야 한다
사업가는 새로운 일자리를 만들어야 한다

명확한 목표가 있어도 사는 것이 쉽지 않다
그냥 사는 것은 망망대해를 목적지 없이
헤매는 것이다

그냥 사는 것이 아니다
세상을 위해서 사는 것이다
후손을 위해서 사는 것이다

천년의 계획

천년을 계획하면 세상의 계획과 나의 계획이 같다
세상의 계획이 나의 계획이고 나의 계획이 세상의 계획이다

천년 후를 생각하면
세상의 지능은 나의 지능을 월등히 넘어선다

현명해진 세상은 나의 무지를 일깨우고
합리적인 세상은 어찌할 수 없는 나의 모순을 깨트린다

사람들을 힘들게 하는 악은 효율적으로 제어되고
세상을 편안하게 하는 선은 들꽃처럼 만발한다

세상의 계획을 외면하면 무지에 머물고
회한과 외로움에 눈물을 흘려야 한다

세상의 계획을 따르면 두려움은 희망이 되고
경쟁과 질시는 협력과 응원이 된다

모든 사람에게 공평한 선한 세상은

천년이 지나도 변하지 않을

자유와 진리를 추구하는 나의 계획을 실현시켜 준다

No. 3

자유

인생의 후반전

인생의 전반전이 끝나고 있다
전반전은 계획없이 살았다
세상의 계획에 따라서 살았다
직장에 얽매였고 가족을 건사해야 했다
전반전은 세상이 나의 감독이었다

인생의 후반전이 시작되고 있다
직장도 벗어나고 가족도 벗어나고 있다
나를 위한 세상의 계획이 없다
후반전은 내가 계획을 세워야 한다
후반전은 내가 나의 감독이다

새로운 도전이다
자유를 얻었지만 자유를 찾아야 한다
자유를 찾기 위한 후반전의 계획이
아직 명확하지 않다
나를 더 발전시켜야 하고 활동 범위를
더 넓혀야 한다

모두가 등을 돌리고 자유와 진리를 찾아 나서고 있다
누구든 자유를 찾아서 그 길을 사람들과
공유해야 한다
그 길은 1개, 100개, 1,000개, 10,000개 일 수 있다
자유를 찾아가는 길을 세상에 알리는 것이 진리다

자유와 진리를 추구하는 본 게임의
휘슬이 울리고 있다
마지막까지 최선을 다해야 한다

자유

상상하라 이룰 것이다
갈구하라 얻을 것이다
도전하라 도약할 수 있다
앞으로 나아가라 새로운 국면이 전개된다
참고 견뎌라 기회가 찾아온다
도와줘라 도움을 받을 것이다
함께 해라 큰 일을 도모할 수 있다
베풀어라 보람이 있다
용기를 가져라 두려움이 사라진다
세상을 긍정해라 없던 힘이 생긴다
자신을 믿어라 놀라움이 내 안에 있다
변화하라 변화시킬 수 있다
과거를 잊어라 미래가 열린다
다시 시작하라 매일 새로운 태양이 떠오른다

버티며 살기 위해 세상에 온 것이 아니다
놀라운 것을 이루기 위해 살고 있다

행복이 삶의 목표가 아니다
목표가 목표다
목표를 향해 질주하라
행복은 목표를 향해 달려갈 때 느끼는
뿌듯한 마음이다

이 모든 것들을 경험했을 때
비로소 자유가 활짝 문을 열어 준다

파랑새

파랑새 노래하는 푸른 숲에서
하룻밤 지새우니 흰 눈이 쌓였네

아련한 세월을 붙잡지 못한

서글픈 아쉬움 흰 눈에 묻고
새 봄이 다시 오길 기도하리

푸른 산 넘고 깊은 계곡 건너 찾아간

파랑새 노래하는 푸른 숲에서
하룻밤 지새우니 흰 눈이 쌓였네

어머니와 바느질

초판 1쇄 인쇄 / 2022년 9월 16일
초판 1쇄 발행 / 2022년 9월 23일

저자 한동수
발행처 형설출판사
경기도 파주시 회동길 37-23 · 전화 (031) 955-2361~4 · 팩시밀리 (031) 955-2341
발행인 장진혁
등록 라-제9호 · 1962년 5월 1일
홈페이지 http://www.hyungseul.co.kr
e-mail hs@hyungseul.co.kr

정가 12,000원

ISBN 978-89-472-8625-1 03810

어머니와
바느질